I0026146

PUBLICATION DE LA RÉUNION DES OFFICIERS

LA
PRISE D'ASSAUT DE KARS

PAR LES RUSSES

DANS LA NUIT DU 17 AU 18 NOVEMBRE 1877

(Publié par le lieutenant autrichien STEFAN DRAGAS, dans la *Revue
militaire autrichienne de Streffleur*)

TRADUIT PAR J. BORNECQUE

Capitaine au 1er régiment du génie

PARIS

LIBRAIRIE MILITAIRE DE J. DUMAINE

ÉDITEUR

30, RUE ET PASSAGE DAUPHINE, 30

—

1880

PUBLICATION DE LA RÉUNION DES OFFICIERS

LA
PRISE D'ASSAUT DE KARS
PAR LES RUSSES
DANS LA NUIT DU 17 AU 18 NOVEMBRE 1877

(Publié par le lieutenant autrichien STEFAN DRAGAS, dans la *Revue militaire autrichienne de Streffleur*)

TRADUIT PAR J. BORNECQUE
Capitaine au 1ᵉʳ régiment du génie

PARIS
LIBRAIRIE MILITAIRE DE J. DUMAINE
ÉDITEUR
30, RUE ET PASSAGE DAUPHINE, 30
1880

LA
PRISE D'ASSAUT DE KARS

On a discuté à perte de vue sur l'épisode de la place de Kars, ville fortifiée prise d'assaut, mais sans se rendre un compte exact des conditions dans lesquelles les faits se sont passés. Le lieutenant autrichien Stefan Dragas a publié, dans la 2ᵉ livraison de 1878 de la *Revue autrichienne de Streffleur*, le récit fidèle et circonstancié de ce fait d'armes, d'après des sources russes dignes de foi. Nous croyons devoir en donner la traduction, parce qu'il est aussi intéressant qu'instructif; mais nous devons regretter que l'auteur se soit borné au rôle de narrateur, sans tirer des faits exposés la moindre conséquence. Nous essayerons de combler cette lacune et d'indiquer les conclusions sérieuses, réelles, auxquels ils peuvent conduire.

Depuis un certain temps, l'attaque de vive force n'existait plus pour ainsi dire qu'en théorie, et surtout depuis l'adoption des fusils se chargeant par la culasse; elle donnait lieu à des considérations et à des conclusions telles que l'étude seule de cette question faisait reculer d'effroi devant la grandeur des pertes inséparables de ce genre d'attaque.

Malgré les perfectionnements apportés aux armes à feu et la bravoure des défenseurs de Kars, les Russes ont réussi, dans la nuit du 17 au 18 novembre 1877, à enrichir l'histoire militaire d'un exemple d'attaque de vive force qui n'avait pas eu son pareil depuis Schweidnitz. En effet, il ne faut pas perdre de vue que les Turcs investis avaient, comme nous le prouverons plus tard, conclu positivement de la situation stratégique générale que les Russes devaient tenter forcément l'escalade de la place.

Description de la forteresse.

Kars est située sur un plateau du Karadagh, à l'altitude de 1.850 mètres, et cette montagne est un contrefort du Saganlak Hrebeth (montagne boisée). Dans une gorge profonde et escarpée, qui partage la ville en deux parties, serpente le fleuve Kars Tschaï, qui coule dans la direction du sud-ouest au nord-est. Le cours d'eau a en moyenne 20 à 25 mètres de largeur et dépasse rarement 1m,50 de profondeur.

La construction des maisons qui renferment les 12.000 habitants de la ville, est très défectueuse et celle-ci s'étend sur les deux rives du fleuve mentionné. Sur la rive droite s'élève une citadelle très forte qui, par suite de sa position élevée, domine toute la ville.

La grande route venant d'Erzerum passe à Kars; elle constitue la communication var terre la plus courte et la meilleure entre la capitale de l'Arménie et la Russie; cependant Kars était alors un point stratégique plus important qu'Erzerum, d'autant plus que de cette première place partent des communications directes avec toutes les villes importantes de l'Arménie (Batum, Ardahan, Kaghizman, etc.).

La situation naturelle de la ville et des environs constitue par elle-même un rempart puissant contre toutes les attaques venant de la Russie, et il suffit de quelques dispositions très simples de fortification pour barrer la route d'Erzerum.

Lors de la première attaque de Kars par les Russes, en 1809,

par Nesvjetajef, la ville et la citadelle n'étaient entourées
que d'un mur de 10 mètres de haut et de 0m,70 à 0m,80 d'é-
paisseur, sur lequel faisait saillie, au nord-est de la ville,
l'ancienne tour de Karadagh (actuellement démolie). Malgré
les plus grands efforts, les Russes ne parvinrent pas alors à
s'emparer de la place.

Cette attaque fit reconnaître aux Turcs l'importance de
cette forteresse naturelle et apporter plus de soin dans l'éta-
blissement de ses fortifications, de sorte qu'à la guerre suivante (1828), les modifications ci-après avaient eu lieu :

On avait entouré de murs le faubourg qui s'était construit
depuis 1809 ; on avait reconstruit la tour Karadagh et on
l'avait reliée à la ville par des murailles ; on avait réuni par
des ponts les deux parties de la ville qui s'étendaient de
chaque côté du cours d'eau.

Dans la campagne de 1828, le général Paskievitsch réussit,
comme on sait, à prendre la place. C'est pourquoi, à la
paix, les Turcs, aidés par des ingénieurs anglais, rebâtirent
les fortifications de Kars sur une plus vaste échelle ; on con-
struisit autour de la place plusieurs forts détachés, dont le
plan et les dimensions correspondaient alors parfaitement
aux conditions exigées pour ces ouvrages.

Dans la guerre de 1854 contre la Russie, la place, ou
plutôt le camp retranché, était assez grand pour recevoir
toute une armée.

On tint compte alors, pour reconstruire la forteresse,
des expériences de cette guerre, et surtout de celle résul-
tant d'un blocus de deux mois et d'un assaut brillamment
repoussé.

L'ancienne enceinte de la ville fut abandonnée, de manière
qu'elle n'avait plus aucune valeur dans la dernière guerre ;
la citadelle, au contraire, fut rebâtie à nouveau, et les anciens
ouvrages en terre furent transformés en forts permanents

répondant mieux aux exigences de la guerre de siège de notre époque.

Nous allons maintenant donner la description de la forteresse, telle qu'elle était pendant la guerre de 1877.

1. *Citadelle et ville.*

La ville s'étend des deux côtés du fleuve et comprend la ville intérieure et les faubourgs Baïram Pacha, Orta Kapi et Temir Pacha.

Les communications entre ces diverses parties de la ville ont lieu au moyen de sentiers taillés dans le roc et de quatre ponts en pierres.

Les maisons sont d'une construction qui ne se prête guère à la défense.

La citadelle (nommée Itschkala) est située à la lisière nord-ouest de la ville intérieure, dans le coude très prononcé que fait le fleuve vers l'est. Son tracé est complètement irrégulier, ainsi qu'on peut le voir dans notre croquis.

L'enceinte consiste en maçonnerie de briques. Cette enceinte est flanquée par plusieurs saillies demi-circulaires; il y a en outre deux tours dans l'intérieur de la citadelle. Un magasin à poudre se trouve derrière celle de ces tours qui est au nord-est.

La citadelle est disposée pour la défense par l'artillerie. Elle n'a qu'une porte au sud-est, qui la met en communication avec la ville.

La longueur des lignes de feu est de 270 à 280 mètres.

L'armement se composait de 15 bouches à feu.

2. *Position et organisation des dehors.*

1. *Le front nord-est* comprenait les forts Arab et Karadagh.

Le fort nº 1, appelé *Arab* ou Karapatlak, se trouve sur les hauteurs de Karadagh, dans le voisinage d'une gorge profonde et escarpée du fleuve. Le tracé extérieur est assez irrégulier ; la gorge est fermée par une caserne défensive. La face gauche bat parfaitement les abords de la vallée du Kars Tschaï. Toutefois le flanc gauche commande le fort Ingliz, bâti sur la rive gauche, et permet de voir ce dernier à revers. A droite de ce fort est construit un ouvrage semblable. Le fort comporte un glacis avec chemin couvert disposé pour la défense par l'infanterie et par l'artillerie.

Le profil a les dimensions générales suivantes : hauteur du corps de place, 4m,27 ; épaisseur du parapet, 12m,20 pour celui du corps de place et 11m,30 pour celui du second ouvrage qui y a été ajouté ; largeur du terre-plein, 9m,70. Il n'y avait ni fossés ni traverses. Près de l'angle d'épaule de la face droite du corps de place se trouvait un petit magasin à poudre à l'épreuve de la bombe.

La longueur des lignes de feu était de 450 mètres pour le corps de place et de 235 mètres pour le second ouvrage.

L'armement du fort se composait en tout de 12 bouches à feu.

Le fort n° 2, *Karadagh*, se trouvait à 1.200 mètres au sud-est du fort n° 1, et consistait en un corps de place en forme de bastion aigu, en deux ouvrages annexes et une batterie de même tracé. Le fort était entouré d'un glacis et d'un chemin couvert, disposé pour la défense par l'artillerie et l'infanterie.

L'organisation du profil était la suivante :

La hauteur du parapet était de 2m,70 à 3m,60 ; l'épaisseur du parapet de 6m,40 à 7m,30. La nature rocheuse du terrain n'avait pas permis non plus d'établir des fossés.

Il existait deux magasins de munitions dans le corps de place, un à la gorge et l'autre dans la face droite.

La batterie en arrière de l'enceinte était établie sur un bloc de rochers et avait un commandement de 3 mètres sur le corps

de place. Cette batterie constituait un réduit très fort, aussi bien pour le corps de place que pour les ouvrages annexes.

La longueur des lignes de feu était de 1.140 mètres pour les trois ouvrages de la première ligne et de 100 mètres dans la batterie.

L'armement du fort se composait de vingt bouches à feu, dont quatre pour les batteries annexes.

Les deux forts nᵒˢ 1 et 2 étaient réunis par des batteries intermédiaires, construites d'après les procédés de la fortification improvisée et précédées de trous de loup. Ces batteries avaient un armement total de deux pièces. En outre, les lignes entre le fort nᵒ 2 et le fleuve étaient fortifiées par des tranchées-abris.

Au sud de l'ouvrage nᵒ 2, près de la lisière orientale du faubourg Baïram Pacha, se trouvaient aussi deux batteries ayant chacune deux pièces. La liaison de ces batteries avec le fort Hafiz Pacha consistait en fortifications improvisées.

2. *Le front sud.* Ce front comprenait les ouvrages Hafiz Pacha, Kanly, Suvary et Fezi Bey.

a) Le fort nᵒ 3, Hafiz Pacha, se trouvait au sud-est de Kars, sur un monticule isolé qui s'élève au-dessus d'un plateau parfaitement uni. Il avait la forme d'un ouvrage fermé à tracé bastionné. Le terre-plein était bien traversé; le corps de place était précédé d'un glacis avec chemin de ronde.

Comme profil, le parapet avait 2ᵐ,70 de hauteur et 6ᵐ,40 d'épaisseur; la longueur des lignes de feu était de 1.200 mètres environ.

Une caserne défensive se trouvait dans l'intérieur de l'ouvrage, ainsi qu'un magasin de munitions.

Une sortie était pratiquée dans la courtine tournée du côté de la ville.

L'armement se composait de douze pièces.

Du côté de l'est on avait construit, en avant de l'ouvrage,

quelques batteries en forme de flèches, réunies entre elles par des tranchées et renforcées par des trous de loup qui les précédaient.

Ces fortifications, comme celles que nous avons mentionnées pour l'ouvrage Baïram Pacha, avaient pour but de protéger contre une attaque venant de l'est la partie de la ville qui se trouvait sur la rive droite.

b) L'ouvrage n° 4, Kanly, se composait en réalité de trois ouvrages distincts, dont deux redoutes précédant l'ouvrage principal en forme d'ouvrage à cornes. Ce dernier était construit sur un mamelon faisant saillie sur le plateau uni et avait une caserne défensive comme fermeture de la gorge. Tous les ouvrages de Kanly avaient des fossés; le chemin couvert était traversé. Les magasins de munitions se trouvaient dans les bastions de l'ouvrage à cornes.

Comme organisation du profil, le parapet avait 6^m,40 de hauteur et 7^m,30 d'épaisseur, la largeur du terre-plein, avec banquette, était de 12^m,80, les fossés avaient 3^m,60 de largeur en haut et 1^m,80 de profondeur. La longueur des lignes de feu était de 1.640 mètres.

Le profil des autres ouvrages en avant était beaucoup plus faible.

L'armement était constitué par vingt bouches à feu.

c) Au nord-ouest de l'ouvrage n° 4 se trouvait l'ouvrage n° 5, Suvary; celui-ci appuyait sa face droite au fleuve et était destiné à battre l'entrée de la vallée du sud; il était armé de quatre canons dans ce but. Il avait la forme d'un bastion fermé à la gorge par une caserne défensive.

d) L'ouvrage Fezi Bey se trouvait au nord-est de Kanly et servait d'ouvrage intermédiaire aux forts n°s 3 et 4. Il consistait en une redoute et en un retranchement assez étendu en forme de lunette, avec caserne défensive. Cet ouvrage avait reçu un armement de quinze pièces.

3. *Le front ouest.* Les ouvrages Tschim, Weli Pacha, Bluhm Pacha, Ingliz, Muchli, Koltuk, Laz Tepesi, Tich Tepesi et Tochmaz, disposés sur deux lignes, constituaient ce front.

a) L'ouvrage n° 6, nommé Tschim ou bien Ted Harab, n'était, à vrai dire, qu'une batterie destinée à battre vigoureurément la vallée. Cette batterie, bâtie sur le roc, était construite avec des matériaux transportés en ce point et n'avait pas de fossés ; à 45 mètres en avant de l'enceinte se trouvait un glacis ; à l'aile droite de la batterie existait un magasin à poudre voûté. Le profil avait une hauteur de $2^m,90$ à $3^m,60$ et une épaisseur de $5^m,50$.

L'armement comprenait sept bouches à feu.

b) L'ouvrage n° 7, Weli Pacha, au nord du précédent et à une distance de 1.100 à 1.200 mètres, consistait en un ouvrage fermé éloigné de 800 mètres du centre de la ville ; trois de ses fronts avaient un tracé bastionné ; le quatrième, fermant la gorge, était une caserne défensive reliée par un mur défensif. La longueur d'un des fronts bastionnés était de 76 mètres.

On avait adopté le profil suivant : $7^m,30$ de hauteur de parapet, $8^m,50$ d'épaisseur de parapet, avec talus extérieur à deux tiers, $6^m,40$ de largeur du fossé en haut, $2^m,10$ de profondeur de fossé, $2^m,70$ de longueur de ligne de feu.

Il y avait deux sorties : une conduisant de la caserne défensive dans la campagne, l'autre menant par une poterne dans les fossés. Il n'y avait point de fossés devant l'aile gauche de l'ouvrage. Le glacis était disposé pour la défense par l'infanterie.

L'armement se composait de dix-neuf pièces.

c) L'ouvrage intermédiaire, Bluhm Pacha, était construit dans le genre de la fortification de campagne et armé de quatre canons.

d) L'ouvrage n° 8, Ingliz, se trouvait à 1.700 mètres de l'ouvrage n° 7 et à 1.280 mètres de l'ouvrage n° 1 (Arab). Le tracé, fort irrégulier, formait un ouvrage fermé, avec une communication dans la campagne vers le sud-est. L'ouvrage n'était au début destiné qu'à la défense d'infanterie et n'avait, par suite, point de terre-plein d'artillerie.

Comme profil, le parapet avait 2ᵐ,70 de haut et 4ᵐ,25 d'épaisseur ; le fossé avait 6ᵐ,40 de largeur en haut et 2ᵐ,10 de profondeur ; la longueur de la ligne de feu mesurait 400 mètres.

Huit bouches à feu constituaient l'armement.

e) L'ouvrage n° 9, Muchlis, était situé au nord-est du précédent, à 1.110 mètres de ce dernier et à 1.090 mètres du n° 1. Le tracé extérieur était irrégulier et il n'existait point de fermeture à la gorge. L'ouvrage lui-même était placé tout au bord du versant occidental de la vallée, dans le seul but d'empêcher d'escalader par le nord le plateau de Tschakmach. Une banquette et un terre-plein complétaient le parapet, qui n'avait de fossé que sur le front ouest.

La hauteur du parapet était de 2ᵐ,90, et son épaisseur de 6ᵐ,40 ; la longueur des lignes de feu était de 320 mètres.

Un second ouvrage, Koltuk, était immédiatement relié au précédent, à 200 mètres en avant, et avait les mêmes dimensions ; tous deux ensemble avaient un armement de vingt pièces.

Les ouvrages Weli Pacha, Bluhm Pacha, Muchlis et Koltuk étaient reliés entre eux par des retranchements en terre renforcés par endroits au moyen de trous de loup.

f) L'ouvrage n° 10, nommé Laz Tepesi ou Tschakmach, était situé sur un massif de rochers à bords escarpés. Il commandait tous les environs et consistait en trois batteries séparées. Ces trois batteries étaient enveloppées par un chemin couvert avec glacis, disposé pour la défense d'infanterie.

Comme profil, le parapet avait 3ᵐ,60 de hauteur et 7ᵐ,20 d'épaisseur ; la longueur du front des deux batteries latérales était de 80 mètres chacune, et celle de la batterie du milieu de 71ᵐ,50. L'armement comprenait vingt et une bouches à feu.

g) L'ouvrage n° 11, Tich Tepesi, était constitué par un ouvrage fermé à tracé bastionné, avec pans coupés. Il n'y avait pas de glacis. Il existait une sortie dans la direction de l'ouvrage 10.

Le parapet avait 3ᵐ,60 de hauteur et d'épaisseur, la largeur du fossé en haut était de 2ᵐ,70, et sa profondeur de 2ᵐ,10 ; la longueur des lignes de feu était de 390 mètres.

L'armement se composait de quatorze canons.

Les ouvrages nᵒˢ 10 et 11 étaient en outre reliés par des batteries improvisées.

h) L'ouvrage n° 12, Tochmaz, se trouvait à 2.300 mètres à l'ouest de l'ouvrage Tschim et avait la forme d'un retranchement bastionné. Il possédait une sortie du côté de la ville et, à l'intérieur, une caserne défensive et une poudrière.

La longueur des lignes de feu était de 585 mètres. L'armement comprenait vingt-sept bouches à feu.

En totalisant le développement des lignes de feu des divers ouvrages, nous arrivons à une longueur de plus de 7.300 mètres.

Les ouvrages de première ligne étaient disposés autour de la citadelle de manière à former à peu près un cercle dont le rayon ne dépassait pas 2.600 mètres.

3. Mise en état de défense de la place.

L'armement normal de la place comprenait 150 bouches à feu dans les ouvrages ; dans la ville se trouvaient 100 canons de 24 (rayés, se chargeant par la bouche) et 54 canons de 24 lisses.

La garnison ordinaire se composait de 23.000 hommes, mais ne paraît pas suffisante pour occuper des fortifications présentant un développement de 11.200 mètres.

Ainsi que l'expérience l'a fait reconnaître après la prise de Kars, l'armement était suffisant, mais la garnison n'avait pas atteint son chiffre normal (1).

En résumant tout ce qui a été dit sur la place, nous avons à signaler les avantages et les inconvénients suivants, soit pour l'attaque, soit pour la défense.

Avantages en faveur de la défense : 1° La situation dominante des ouvrages; 2° la situation favorable des ouvrages avancés, qui pouvaient se soutenir réciproquement par l'artillerie ; 3° le terrain de roc, qui rendait impossible tout travail de siège ou de mines.

Inconvénients de la défense : 1° La séparation de la place en deux parties par le lit profond du fleuve, ce qui divi-

(1) Nous ne partageons pas l'avis de l'auteur, au sujet de l'insuffisance de la garnison, données ci-dessous. D'après les idées généralement admises actuellement, il suffit, pour une défense passive, de 0,75 hommes par mètre courant, compté sur le périmètre des forts; en outre, pour une défense active, il faut un corps d'un effectif égal à celui des défenseurs du périmètre. Or, le développement étant de 11.200 mètres, le chiffre de la garnison, pour une défensive passive, aurait été suffisant avec 9.000 hommes environ et de 18.000 hommes pour une défensive active. Ainsi, en 1870, la place de Belfort a fait une défensive active avec une garnison de 15.000 hommes seulement et des ouvrages improvisés, alors que le développement de son périmètre était supérieur à celui de Kars. Pour expliquer l'assertion de l'auteur, il eût été plus juste de faire ressortir que la plupart des ouvrages de Kars n'avaient ni fossés ni flanquement et qu'en général ils étaient loin de répondre aux conditions que l'on exige de la fortification permanente réelle. Mais, même dans ces conditions, le chiffre de 23.000 hommes était largement suffisant pour faire une défense passive, et nous verrons plus loin que ce n'est pas à l'insuffisance de l'effectif des défenseurs qu'il faut attribuer la chute de la place. *(Note du trad.)*

sait aussi la défense en deux secteurs; 2° le manque de fossés en avant de la plupart des ouvrages avancés; 3° l'impossibilité d'améliorer les batteries, car les matériaux nécessaires à cet effet (bois ou terre) devaient être amenés sur place; 4° le défaut de flanquement; 5° l'absence de casemates pour la garnison et les approvisionnements. Les casernes existantes pouvaient recevoir à peine 3.000 hommes; les magasins disponibles ne pouvaient contenir que 800.000 kilogrammes de vivres, ce qui suffisait à peine pour quatre semaines à la garnison seule; 6° le manque d'eau dans presque tous les ouvrages et la grande difficulté de s'en procurer dans le fleuve; 7° le défaut absolu de traverses casematées. Il faut ajouter à cela, comme inconvénient plus sensible encore, que la plus grande partie de la population était fort pauvre et, en cas de blocus, devait être nourrie au moyen des approvisionnements destinés à la garnison.

4. Investissement de la place.

Après leur combat victorieux livré sur les hauteurs d'Aladschi, les Russes se décidèrent d'une part à poursuivre Mouktar-Pacha avec une partie de leur armée, et d'autre part à empêcher la jonction de ce dernier avec Ismaïl-Pacha, qui battait en retraite, tandis qu'avec l'autre partie de leur armée ils investiraient la place de Kars.

Pour exécuter ce dernier point, on réunit sous le commandement du général Lazareff 35 bataillons d'infanterie, 48 escadrons de cavalerie et 138 bouches à feu, qui furent dirigés sur les environs de Kars et répartis dans les localités suivantes : Mazra, Melikjoi, Tscholgaur, Samovat Aravartschan, Bozgala, Tamron, Petit-Tikma, Azatkjoï, Magardschik, Wyzenkjoï; le quartier général fut établi à Grand-Tikma.

Plus tard arrivèrent encore successivement 6 bataillons, 8 canons et 5 escadrons, pour prendre part à l'investissement. Les troupes s'établirent dans ces lignes, où elles se renforcèrent par quelques fortifications de campagne.

Jusqu'à l'arrivée des pièces de siège, on se borna à resserrer de plus en plus le cercle d'investissement.

En outre, presque chaque nuit on inquiéta l'ennemi du côté du sud-ouest et du nord-est, au moyen de quatre canons de campagne à longue portée et de détachements de volontaires.

5. Reconnaissance de la place.

La reconnaissance détaillée de la place et des ouvrages qui l'entouraient, ainsi que les nouvelles reçues sur le chiffre de la garnison et la quantité des approvisionnements, démontraient de reste que, même en tenant compte de l'effet moral que devait avoir la défaite de Mouktar-Pacha, on ne pouvait espérer venir à bout de la place qu'avec des difficultés considérables, s'accroissant de jour en jour.

La température rigoureuse, l'approche de l'hiver, constituaient en outre des conditions menaçant d'augmenter encore les sacrifices que devait causer la prise de cette forteresse.

L'excellent armement des ouvrages, la ténacité extraordinaire des soldats turcs derrière des retranchements, enfin leur résolution de tenir jusqu'au dernier homme, faisaient pencher à employer un tout autre moyen d'attaque que le siège en règle, d'ailleurs toujours fort difficile à exécuter, mais sur le résultat duquel on n'avait pas le temps d'attendre dans les circonstances présentes.

La situation stratégique de l'armée russe imposait à l'état-major la nécessité d'amener la chute de Kars dans le moins de temps possible, afin de préserver par là l'armée qui s'avançait contre Erzerum de toute espèce de menace sur ses derrières, tout en arrivant en même temps à disposer de troupes fraîches permettant de tenter un choc vigoureux contre Erzerum.

Après avoir examiné tous ces facteurs, il ne restait d'autre parti à prendre que de tenter de prendre la place de vive force, après l'avoir, au préalable, bombardée quelque peu avec les pièces de siège.

6. *Choix du point d'attaque.* (Voir le croquis.)

La position élevée et fortement dominante des ouvrages avancés, à l'ouest, au nord et au nord-est, les approches en général impraticables, enfin l'organisation des ouvrages sur deux lignes, tout cela ne militait pas en faveur d'une attaque par ces côtés.

Au contraire, les fronts sud et sud-est présentaient à ce point de vue les avantages suivants :

1º Les ouvrages se trouvaient dans une plaine presque complètement ouverte, permettaient, par suite, des dispositions simples pour l'attaque, facilitaient la cohésion et les vues pendant l'assaut.

2ᵉ Les ouvrages étant situés près de la ville et de la citadelle, il était facile de pousser plus avant après la prise des dehors.

2º La plus grande partie de la ville était groupée du côté sud-est, entre les forts et la citadelle, ce qui procurait l'avantage, après l'occupation et la prise des ouvrages avancés, d'offrir dans cette partie de la ville un abri contre le feu aux détachements qui seraient chargés de s'avancer jusqu'à la citadelle.

Pour ces diverses raisons, on se décida à diriger l'attaque principale du côté du sud-est, c'est-à-dire sur les ouvrages avancés : Hafiz Pacha, Kanly et Suvary.

Mais la situation des ouvrages en question présentait aussi plus d'un avantage pour les défenseurs ; ainsi, par exemple, ceux-ci pouvaient de leurs ouvrages diriger à portée de fusil un tir bien rasant sur l'assaillant. Les approches étaient à tel point découvertes qu'il était facile d'y apercevoir l'approche même des plus petits détachements. En outre, des ouvrages 1, 2, 11 et 12, on avait des vues si complètes sur le terrain vers le sud, qu'on pouvait observer tous les mouvements jusqu'aux moindres détails, et que par suite il était facile de prendre des mesures en conséquence.

En tenant compte de ces considérations, il n'était donc pas prudent de tenter l'attaque de vive force en plein jour.

Mais l'exécution de cette attaque par une nuit bien noire aurait constitué également une opération excessivement difficile, car on aurait manqué complètement de vues et de direction, et il aurait été certain que la garnison, composée d'hommes décidés et connaissant bien le terrain, n'aurait pas manqué de faire essuyer une catastrophe à l'adversaire. Le succès d'une attaque de ce genre, par une nuit sombre, devait être laissé entièrement au hasard et, même dans l'hypothèse la plus favorable, ne pouvait pas être bien important, puisque les colonnes d'assaut, après avoir remporté quelques avantages partiels, ne pouvaient en tirer profit, faute d'orientation.

Un clair de lune pouvait seul préserver des inconvénients en question. C'est pourquoi l'on attendit si longtemps avant d'arriver à l'exécution de l'attaque, qui n'eut lieu que dans la nuit du 18 novembre.

7. Préparatifs de l'attaque.

Comme toujours, un bombardement préalable devait préparer l'assaut. A cet effet, le 4 novembre on transporta du parc de siége 48 pièces sur les pentes nord et nord-ouest des hauteurs de Magardschik et de Wyzenkjoï, et l'on dut construire 12 batteries pour ces pièces.

Cette opération ne resta pas inaperçue pour la garnison, qui entreprit le 5 novembre une sortie énergique contre les batteries d'attaque commencées.

La force de l'attaque, la vigueur de l'exécution ne démontraient que trop clairement la résolution de la garnison de combattre jusqu'à la dernière cartouche.

Pourtant la sortie échoua et les Russes organisèrent si bien la poursuite des troupes de sortie refoulées, que quelques courageux bataillons du régiment de Kutaï parvinrent à pénétrer avec les Turcs dans l'ouvrage Hafiz Pacha.

Il fallut aux Turcs de nombreux renforts pour expulser ces braves bataillons du fort où ils étaient entrés, et encore ils ne le quittèrent que dans le plus grand ordre et après avoir encloué toutes les pièces.

A partir de ce moment, les Turcs ne tentèrent plus aucune sortie, et les batteries commencées purent être terminées sans encombre au bout de six jours, de sorte qu'elles commencèrent le feu le 11 novembre.

Le feu fut dirigé et poursuivi sans interruption, surtout le soir, contre la ville et les forts Hafiz Pacha, Kanly et Suvary, ainsi que contre la partie du fort Karadagh destinée à soutenir le fort Hafiz Pacha.

L'impression que ne pouvait manquer d'exercer sur les habitants l'action remarquable des projectiles contre l'intérieur de la ville, l'apparente inactivité de la garnison, le manque d'abris couverts dans les ouvrages avancés, avaient fait espérer aux Russes de pouvoir arriver rapidement à leur but par le bombardement, sans être obligés d'avoir recours à une attaque de vive force.

Mais cet espoir ne tarda pas à s'évanouir ; les Turcs, connaissant parfaitement le front d'attaque, s'étaient occupés à l'entourer de constructions défensives du côté du sud et du sud-est.

Néanmoins ces dispositions furent pour l'assaillant le signal de mettre le plus promptement possible à exécution leur plan originel, car tout atermoiement pouvait mettre de plus en plus le succès en question.

On attendait donc avec la plus grande impatience une nuit claire.

Pendant la nuit du 18 novembre, les conditions voulues pour l'assaut parurent devoir se réaliser, on prit pour le 19 les dispositions suivantes :

Quand le moment de commencer l'assaut, c'est-à-dire huit heures et demie, serait arrivé, les sept colonnes qui étaient chargées de l'exécuter devaient être préparées en conséquence et se trouver aux points ci-après :

1. Les troupes de siège avaient pour mission principale de s'emparer de vive force de Suvary, Kanly et Hafiz Pacha.

2. La prise de ces points devait être exécutée avec la plus grande énergie. La garnison devait être détruite ou faite prisonnière, et les pièces devaient être immédiatement retournées contre la ville.

3. Des démonstrations énergiques devaient en même temps être faites contre d'autres points, afin de donner le change à l'adversaire et de le forcer à diviser ses forces.

4. Dans le cas où la défense faiblirait en n'importe quel point, les fausses colonnes d'attaque devaient profiter de cet avantage et pousser en avant comme les colonnes d'attaque réelles.

5. Les colonnes d'attaque ayant réussi à pénétrer dans les ouvrages, il fallait à l'instant prendre les dispositions nécessaires pour les défendre contre toute tentative de reprise. Si l'ennemi ne paraissait pas disposé à se retirer sans autre forme de procès dans l'intérieur de la ville, il fallait le poursuivre l'épée dans les reins, de manière à occuper autant que possible la lisière de la ville et l'ouvrage Tschim.

6. Si au contraire on était obligé, par suite de l'arrivée de l'ennemi en nombre, de quitter les ouvrages conquis, la retraite devait avoir lieu en bon ordre, après avoir causé le plus de dommages possible dans les ouvrages.

7. Les commandants des diverses colonnes devaient toujours avoir connaissance de la situation générale, afin de prendre des dispositions en conséquence pour leur propre colonne.

Ces points principaux étant fixés, l'emploi des diverses colonnes et leurs lignes de déploiement furent déterminés comme il suit :

Tout le front sud de l'ouvrage Toghmaz jusqu'à la pente méridionale du Karadagh devait être attaqué par cinq colonnes séparées, mais l'effort principal portant sur les ouvrages Hafiz, Kanly, Suvary et Tschim. Les deux autres colonnes étaient chargées pendant ce temps de faire des démonstrations énergiques contre les forts Tschmaz, Tich, Laz Tepesi, puis contre Arab et Karadagh.

L'artillerie ne devait pas suivre les colonnes, mais rester avec les réserves jusqu'au matin et attendre de nouveaux ordres.

La cavalerie était chargée, dans la limite du nécessaire, d'assurer la ligne des avant-postes, et le reste devait se porter en avant sur les communications principales. Le départ des points où devait se livrer l'assaut général devait avoir lieu à la nuit close.

De nouveaux ordres devaient être donnés dès le lendemain matin.

La *première colonne* avait pour commandant le général Komaroff. Elle se composait de 3 bataillons du régiment de Piatigorsky, de 3 bataillons du régiment de grenadiers de Ratovsky, et de 16 bouches à feu, dont 4 de la 5e batterie de la 38e brigade d'artillerie, 4 de la 6e batterie et la 4e batterie complète de la 39e brigade d'artillerie.

On lui avait assigné le village de Tatschlid pour point de rassemblement, et on lui avait donné pour mission de faire, avec une partie de la colonne, des démonstrations sur les hauteurs de Schorach, spécialement devant l'ouvrage Tochmaz, pendant que le gros des forces se porterait au sud jusqu'à la route d'Erzerum à Kars, qu'il suivrait pour s'avancer aussitôt contre Tschim.

La *deuxième colonne* était commandée par le lieutenant-colonel prince Melikoff et composée du bataillon qu'il commandait et de 2 bataillons du régiment d'infanterie de Kouban. Elle devait se rassembler à Tschiftlik.

Son objectif était de s'avancer sur la rive droite du fleuve de Kars, en vue de s'emparer de l'ouvrage Suvary, puis de se rendre maître du pont rapproché traversant le fleuve, afin d'attaquer la gorge de l'ouvrage Tschim concurremment avec la première colonne.

La *troisième colonne*, dont le commandant était le général-major comte Grabbe, comprenait le régiment de grenadiers de Pernovsky, un bataillon du régiment de Sébastopol, et le 1er bataillon de chasseurs du Caucase, ainsi que la 2e batterie de la 1re brigade d'artillerie de grenadiers.

La *quatrième colonne*, commandée par le colonel Woschdakin, disposait de 3 bataillons du régiment de Sébastopol, un bataillon du régiment d'Imeretinsky et de la 3e batterie de la 38e brigade d'artillerie.

Ces deux colonnes, sous le commandement supérieur du général comte Grabbe, devaient se réunir à Ober-Karadschuran, avec la mission commune de s'emparer de l'ouvrage Kanly.

La *cinquième colonne* avait pour commandant le général-major Alchasoff et comptait 3 bataillons du régiment de Kutaï, 2 bataillons du régiment de Vladicaucase, avec la 6e batterie de la 19e brigade d'artillerie.

Rassemblée à l'aile droite des batteries de siège, elle était chargée de prendre l'ouvrage Hafiz-Pacha, les batteries intermédiaires entre Baïram-Pacha et Fezi-Bey.

La *sixième colonne*, commandée par le colonel d'état-major Tscheremisinoff, avait comme troupes 2 bataillons et demi du régiment de grenadiers de Nesvischky et 2 bataillons du régiment de Kouban.

On lui avait assigné pour point de rassemblement les villages de Komk et de Dochavra, d'où, soutenue par le feu ouvert auparavant par les trois batteries de 9 (1re et 3e batteries de la brigade de grenadiers et 3e batterie de la 40e brigade d'artillerie), elle devait s'avancer résolument contre les ouvrages Laz Tepesi et Muchlis, attirer sur elle l'attention de la garnison et, si c'était possible, pénétrer dans les forts en question.

Enfin, la *septième colonne*, commandée par le général-major Rydzefsky, comprenait le régiment d'infanterie d'Abchase, deux bataillons du régiment de Gurysky et vingt-quatre canons, formés par les 2e, 5e et 6e batteries de la 40e brigade d'artillerie.

Rassemblée au village de Mazra, cette colonne avait à s'emparer de la ligne Arab et de la position Karadagh, puis à déployer un feu d'artillerie et de mousqueterie assez intense pour faire croire à l'ennemi que l'attaque principale aurait lieu de ce côté. Pour remplir cette mission, la colonne devait, au besoin, commencer l'assaut de ces lignes.

A ces diverses colonnes on avait adjoint des détachements du 3e bataillon de sapeurs du Caucase, pourvus d'échelles, de dynamite et des outils nécessaires. En outre, chaque colonne avait une escouade d'artilleurs munis d'outils pour enclouer et détruire les pièces et les munitions, etc.

Le commandement supérieur des colonnes opérant sur la rive droite avait été confié au général-lieutenant Lazareff, qui avait aussi sous ses ordres immédiats la réserve générale, composée de deux bataillons du régiment de Wladicaucase et de la 1re batterie de la 40e brigade d'artillerie. Le général-lieutenant Roop était chargé du commandement des 1re et 6e colonnes.

La 7e colonne avait pour commandant supérieur le général-lieutenant Schatiloff.

La cavalerie non employée au service de sûreté avait reçu la destination suivante :

Cinq régiments de cavalerie et une batterie à cheval, sous le commandement du général-major Scheremeteff, devaient se rassembler à Tschakmach, pour observer les routes Erzerum-Samowat et Samowat-Ardahan, et pour relier les 6e et 7e colonnes.

En outre, cinq régiments et deux escadrons de cavalerie, sous les ordres du général-major prince Tcherbatoff, devaient se rassembler à Bozgala-Tschiftlik pour veiller à la sûreté de la route de Kars-Erzerum.

Enfin, trois régiments de cavalerie, une sotnia de cosaques et une batterie d'artillerie, commandés par le lieutenant-colonel Tschawtschawadse, devaient se réunir à Ober-Karadschuran et se porter en avant, avec les colonnes d'infanterie, jusqu'au pont de Kistschik Kieuï, où ils attendraient de nouveaux ordres.

Les autres troupes disponibles, comprenant trois régiments de grenadiers, deux escadrons de dragons et trois batteries d'artillerie, constituaient à Komacur la réserve générale, sous les ordres du général-major Den.

Le commandant en chef se tenait de sa personne à Gross Tikma, où devaient lui parvenir toutes les nouvelles.

Exécution.

Il ne se produisit aucun contretemps dans les préparatifs,

de sorte que le mouvement général en avant put commencer à huit heures trente minutes précises du soir.

C'était par une magnifique nuit de novembre ; la pleine lune était déjà levée comme pour éclairer cette scène de destruction et être témoin de cette mêlée terrible ; le vent, qui avait soufflé avec assez d'intensité pendant la journée, s'était subitement calmé.

A l'exception de trois batteries de 9 à Dschawra, il était défendu aux troupes assaillantes de faire feu, de sorte qu'elles purent approcher en silence des ouvrages, sans être remarquées par les Turcs. A un signal donné, les trois batteries de Dschawra ouvrirent leur feu au même moment, vers neuf heures et demie. Ce feu fut exécuté avec une telle rapidité et une telle intensité que la garnison crut à une attaque sérieuse de ce côté et y concentra ses forces. Vers neuf heures, les colonnes d'attaque du front sud étaient arrivées si près que les avant-postes turcs (1) aperçurent un certain mouvement et tirèrent quelques coups de fusil ; mais comme il ne fut pas répondu à leur feu, ils crurent s'être trompés et cessèrent de tirer.

Quelques minutes après commença sur toute la ligne des Turcs un feu ininterrompu, mais aussi presque inutile, ainsi que le prouvent les pertes qui en résultèrent.

Un premier hourrah vint rompre la monotonie ; il était poussé par la colonne du général Melikoff, qui commençait à escalader Suvary. Elle fit replier les avant-postes, qui tiraillaient, sans tirer elle-même un seul coup de fusil. Les volontaires et la colonne des chasseurs de Kouban péné-

---

(1) Il est à remarquer que la ligne des avant-postes turcs, qui aurait dû s'avancer jusqu'à 1.000 ou 1.500 mètres des ouvrages, était beaucoup trop rapprochée de ceux-ci. C'est ce qui explique jusqu'à un certain point la réussite de l'entreprise téméraire des Russes.

(Note du trad.)

trèrent jusque dans l'ouvrage, la crosse en l'air et méprisant la mousqueterie et la mitraille qui les décimaient, jusqu'à ce qu'occupant le front et les flancs, ils laissèrent retomber leurs crosses et anéantirent littéralement les braves défenseurs de cet ouvrage. Alors ils jetèrent les pièces en bas des remparts, après avoir encloué les canons, et, cherchant à se frayer un chemin jusqu'au pont qui traverse le fleuve de Kars, à l'aide de la cavalerie, arrivée sur ces entrefaites, ils se précipitèrent aussi rapidement que possible à l'assaut de l'ouvrage de Tschim.

Pendant ce temps, un combat violent s'était engagé devant Kanly. Le général comte Grabbe avait dirigé le colonel Woschdakin, avec cinq bataillons, contre le flanc gauche de l'ouvrage précité, pendant que lui-même s'avançait avec trois bataillons contre le flanc droit. Précédées par des volontaires et suivies par une réserve, les deux colonnes n'arrivèrent auprès de l'ouvrage que vers dix heures. Après avoir traversé plusieurs rangées successives de trous de loup, sous un feu violent de mousqueterie et de mitraille, la colonne de gauche parvint à escalader le parapet de la redoute de l'aile gauche. Après avoir détruit la garnison entière à l'arme blanche, cette poignée d'hommes chercha à pénétrer dans le flanc gauche de l'ouvrage principal. Cette entreprise ne lui réussit qu'en partie; car les Turcs, survenus sur ces entrefaites, combattaient comme des lions, et il ne fut plus possible d'avancer.

Le reste de la colonne, après avoir vu la redoute conquise, appuya un peu à droite et se jeta avec furie sur l'une des batteries de la tranchée. Cet assaut réussit aussi, mais le colonel Woschdakin y fut grièvement blessé; immédiatement le colonel Karaseff vint prendre sa place, anéantit les servants de la batterie et retourna défensivement celle-ci contre l'intérieur de la ville.

La colonne de droite du comte Grabbe enveloppa la
redoute de l'aile droite et en attaqua directement le front
principal, après avoir envoyé au préalable un détachement
pour s'emparer de la gorge. Cet intrépide général combattait
à la tête de la colonne d'attaque ; son exemple entraînait
les jeunes soldats et en faisait des héros. Il leur apprit
comment on est vainqueur, mais malheureusement aussi
comment on meurt en brave, car presque aussitôt après avoir
escaladé le parapet, Grabbe tomba frappé au cœur. Le
colonel Bielinsky, présent parmi les assaillants, prit aussitôt
le commandement de la colonne et mena à bonne fin l'escalade du parapet. A ce moment, onze heures, la colonne
de gauche avait réussi à pénétrer dans l'ouvrage par la
gorge ; les Turcs cessèrent subitement le feu et essayèrent,
à l'arme blanche, de vendre au moins leur vie aussi chère-
ment que possible. Il en résulta une mêlée effroyable ; les
Turcs, désespérés et ne voyant aucune issue, se battirent
avec une bravoure incroyable, jusqu'à ce que le silence
annonçât la destruction de la garnison de Kanly. Après
quelques minutes à peine, cinq cents cadavres turcs gisaient
dans l'intérieur relativement restreint de cet ouvrage.

Malgré ces succès, l'entreprise n'était pas terminée ; la
destruction de la garnison du rempart permettait seulement
aux Turcs qui occupaient la caserne défensive d'ouvrir un
feu meurtrier. Cette caserne était entourée d'un parapet
derrière lequel avaient été disposés des créneaux ; elle
pouvait d'ailleurs donner des feux étagés. L'épaisseur des
murs, la solidité des portes de fer de cette caserne en ren-
daient la prise complètement impossible à des troupes
épuisées ; de plus, il ne fallait pas songer à occuper le
parapet enlevé, où les troupes auraient été balayées rapidement sans pouvoir se défendre. Le colonel Bielinsky
chercha alors, avec quelques volontaires, à briser la porte,

mais en vain, et il tomba lui-même blessé sur le sol. Il
ne restait pas d'autre parti à prendre à ces braves soldats
que d'abandonner l'avantage acquis au prix de si cruels
sacrifices et de se fortifier sur le parapet. Ce parti était
d'autant plus urgent que de nouveaux détachements turcs
apparaissaient et couvraient d'un feu violent d'artillerie
et de mousqueterie toute la ligne entre Suvary et Hafiz.

On rendit compte de cette situation au général-lieutenant
Lazareff; celui-ci fit aussitôt connaître l'état de la question
au quartier général et dirigea immédiatement la réserve du
général comte Grabbe, la réserve de la 5e colonne et deux
compagnies destinées à couvrir les batteries de siège contre
le fort Kanly. Le général-adjudant Lorris-Melikoff, après
avoir appris que le général Grabbe était tué et les colonels
Woschdakin et Bielinsky blessés, envoya aussitôt le colonel
Buljmerin pour commander la colonne devant Kanly, sur
lequel il dirigea également la cavalerie du prince Tschatschawadse, avec mission d'expulser l'ennemi de la ligne entre
Kanly et Suvary. Il était minuit lorsque les troupes en
question arrivèrent devant Kanly. Pendant ce temps, les
Turcs s'étaient installés dans l'ouvrage et étaient en mesure
d'attaquer les détachements russes postés dans les tranchées-abris qu'ils avait rapidement construites sur le parapet.

Le lieutenant-colonel prince Tschatschawadse s'aperçut
immédiatement du danger et fit mettre pied à terre à la
première sotnia, pour soutenir le parapet menacé. Les cavaliers arrivèrent sur le parapet avec la rapidité de l'éclair,
ouvrirent le feu contre les Turcs qui s'avançaient, pendant
que les réserves, partagées en deux colonnes et commandées
par le colonel Buljmerin, prenaient le fort en flanc. En
même temps, le prince Tschatschawadse faisait attaquer
l'ennemi à dos par le reste de sa cavalerie, ce qui obligea les

Turcs à se replier précipitamment, et la cavalerie russe les poursuivit jusqu'au pied du mur d'enceinte de la ville.

Mais à ce moment le fort entier était au pouvoir des Russes, moins la caserne défensive. Les assaillants prirent alors des mesures pour recevoir les nouveaux renforts des Turcs, cernèrent ainsi la caserne et proposèrent à la garnison, mais en vain, de déposer les armes. Le commandant des défenseurs Daud Pacha, répondit aux Russes qu'il voulait se défendre jusqu'au dernier homme. On était par suite dans la même situation qu'auparavant. Mais les défenseurs se rendirent compte peu à peu de l'inutilité de leur résistance, et Daud Pacha, sur de nouvelles instances, se décida enfin à mettre bas les armes et à se constituer prisonnier avec la garnison.

C'est ainsi que se termina, vers quatre heures du matin, la prise complète du fort de Kanly.

La cinquième colonne (général Alchasoff), dirigée sur Hafiz Pacha, fut dès le début du mouvement partagée en deux parties : la colonne de droite, comprenant quatre cent vingt volontaires deux bataillons d'infanterie, un détachement du génie et une réserve d'un bataillon, était commandée par le colonel Fadéieff; la colonne de gauche, composée de deux bataillons, était sous les ordres du major Urbansky. Les deux colonnes avaient reçu l'ordre d'attaquer en même temps l'ouvrage Hafiz, chacune par un flanc. Comme réserve générale venait en arrière un bataillon de chacun des deux régiments désignés, sous le commandement personnel du général Alchasoff.

Vers neuf heures, les colonnes furent reçues dans leur marche en avant par un feu violent partant des ouvrages Hafiz, Karadagh, des tranchées et des batteries y attenant. Les colonnes avançaient dans la mesure du possible; mais le colonel Fadéieff ne tarda pas à être persuadé que ce mouve-

ment ne pouvait pas produire le résultat espéré avant que
les Russes ne se fussent emparés des tranchées et batteries
situées entre Hafiz et Karadagh. Ayant prévenu le général
Alchasoff de ce fait, le colonel Fadéieff fit prendre les dispositions voulues pour l'attaque de ces batteries, et cette attaque, vigoureusement conduite, amena en même temps la
chute des tranchées. Les Turcs, refoulés, prirent la direction
de la ville et se réfugièrent en grande partie dans l'ouvrage
Karadagh. Les Russes poursuivirent énergiquement ces derniers, de telle sorte qu'ils arrivèrent au pied de la montagne
escarpée en même temps qu'eux. Arrivés à Baïram Pacha,
les Turcs firent halte dans la batterie au pied du mont Karadagh et défendirent bravement la position, comme accès du
fort Karadagh. Il en résulta une lutte très chaude, qui, au
bout de peu de temps, se termina par la retraite des troupes
turques. Cette retraite eut lieu en désordre sur le fort Karadagh. Fadéieff, qui poursuivait de près les fuyards, vit la possibilité d'entrer dans l'ouvrage en même temps que les Turcs,
sans grands sacrifices. En se retirant, les Turcs se retour-
naient de temps en temps pour faire feu sur les poursuivants,
et cette circonstance fut sous un certain rapport très favorable pour les Russes, en ce sens qu'elle leur fit connaître
le chemin très difficile qui conduisait au fort Karadagh. En
moins d'une demi-heure les Russes atteignirent la crête de
la montagne; les sapeurs du génie qui accompagnaient la
colonne s'occupèreut aussitôt de faire sauter à la dynamite
la porte de la tour qui se trouvait sur cette hauteur. Mais
pendant que l'on prenait les dispositions nécessaires, une
partie de la colonne avait escaladé le sommet de la tour, les
hommes s'étant réciproquement fait la courte échelle, et
s'étaient emparés des canons qui s'y trouvaient, pendant que
l'autre partie de la colonne s'avançait contre la gorge de
l'ouvrage.

La rapidité de l'attaque, l'énergie de l'exécution firent un tel effet sur la garnison surprise de l'ouvrage, qu'elle s'enfuit dans le plus grand désordre vers l'ouvrage Arab, entraînant dans sa fuite les soutiens qu'on envoyait à son secours.

Le colonel Fadéieff s'établit alors dans l'ouvrage Karadagh, prit immédiatement les précautions nécessaires pour se défendre contre un retour offensif, pendant qu'un détachement de volontaires se chargeait de la poursuite des fuyards, qu'il accompagna jusque tout près de l'ouvrage Arab. Les Turcs rassemblés sur ces entrefaites dans ce dernier ouvrage reçurent les fuyards, et le détachement chargé de la poursuite vint se heurter contre une telle masse qu'il dut se retirer, après avoir perdu tous ses chefs et plus de la moitié des hommes. Cette retraite releva le moral des Turcs, qui essayèrent à plusieurs reprises, mais en vain, de reprendre le fort Karadagh.

Il était alors onze heures et demie.

Les Turcs avaient reçu des renforts de la ville; sur toute la ligne entre Arab et Karadagh s'engagea alors un combat acharné, d'une part pour s'emparer d'Arab, de l'autre pour reprendre Karadagh.

Le détachement du colonel Fadéieff, qui combattait depuis longtemps, courait un grand danger, dont on prévint le général Alchasoff. De même, le colonel Fadéieff fit avertir la colonne voisine (la septième, qui était chargée de faire des démonstrations contre Arab et Karadagh) de la situation critique où il se trouvait.

Laissons pour un moment la lutte dans ce secteur poursuivre ses phases diverses, et voyons ce que faisait pendant ce temps la colonne de gauche du général Alchasoff, commandée par le major Urbansky.

Nous avons vu que le colonel Fadéieff avait été obligé de

modifier le mouvement qui lui était ordonné et d'attaquer, non pas Hafiz, mais les tranchées adjacentes. Pour les mêmes raisons, le major Urbansky fut contraint aussi d'attaquer les batteries entre Hafiz et Fezy Bey. Après l'enlèvement de ces positions, le major Urbansky dirigea ses détachements le long des tranchées et vint se réunir au régiment de Sébastopol de la colonne Woschdakin.

Le général Alchasoff remarqua alors que la garnison d'Hafiz était inoccupée et pouvait courir un grand danger; il donna en conséquence l'ordre au colonel Kozelkoff de prendre un bataillon de la réserve et d'attaquer Hafiz, tandis que le général Alchasoff lui-même le suivait à peu de distance. Le colonel Kozelkoff attaqua le fort par son flanc droit, traversa au pas de course le glacis et les fossés, et se prépara à escalader le parapet. Après une lutte corps à corps, de peu de durée mais meurtrière, les Turcs furent obligés de se replier dans le plus grand désordre dans la caserne défensive située dans l'intérieur de l'ouvrage, mais qui avai. été fortement endommagée, tandis que les Russes occupaient solidement le parapet. Après un court moment de repos qu'ils utilisèrent pour se rassembler, les Turcs se précipitèrent avec rage hors de leur caserne défensive sur les Russes qui se trouvaient sur le parapet. Mais cette situation excessivement critique pour les Russes se dénoua subitement en leur faveur par l'irruption du général Alchasoff sur le flanc gauche du fort avec un bataillon. Les Turcs se rendirent alors immédiatement compte de leur position désespérée et se retirèrent la mort dans l'âme. Le combat se termina en ce point par la fuite des Turcs sur la ville. — Hafiz était pris.

Il était en ce moment environ une heure après minuit lorsque le général Alchasoff, alors maître de Hafiz Pacha, reçut du quartier général l'ordre d'envoyer sans retard un bataillon

lon au secours de la colonne Woschdakin, refoulée dans Kanly.

Un bataillon fut désigné à cet effet, et, avec le reste de ses troupes, le général Alchasoff se mettait en mesure de s'établir dans l'ouvrage, lorsqu'il reçut avis de la situation critique du colonel Fadéieff. Sans hésiter, il envoya immédiatement à son secours un bataillon qui jusqu'alors avait pris peu de part à l'action. Ce renfort permit de prendre complètement possession de Karadagh, pendant que le combat autour d'Arab et des batteries annexes se terminait à l'avantage des Russes par l'entrée en action de la colonne Schatiloff, ainsi que nous l'avons indiqué.

La septième colonne d'attaque, commandée par le général Schatiloff avait parfaitement exécuté la démonstration dont elle avait été chargée. Les volontaires de deux régiments, dont la moitié étaient postés à Mazra dès le début de l'attaque, avaient l'habitude d'inquiéter l'ennemi presque chaque nuit; par ce moyen, ils avaient réussi à se familiariser avec les approches des ouvrages Arab et Karadagh et avaient pu reconnaître les lignes d'approche les meilleures et les moins dangereuses. Vers huit heures et demie, cette colonne commença aussi à s'avancer, prit position devant Arab et ouvrit un feu meurtrier.

L'intensité et la rapidité du feu donnèrent complètement le change à l'ennemi sur le véritable point d'attaque et attirèrent toute l'attention sur cet ouvrage. L'attitude des Russes, c'est-à-dire la manière de conduire le feu, induisit les Turcs à croire fermement que le moment de l'assaut d'Arab était venu; aussi ouvrirent-ils à leur tour un feu d'une rapidité sans exemple. Ayant reconnu leur méprise au bout d'un certain temps, ils cessèrent le feu; néanmoins, les Turcs se laissèrent tromper plusieurs fois à cette ruse, jusqu'à ce qu'enfin, s'étant rendu compte de la mission de cette colonne, ils s'abstinrent de répondre à son feu. Il est vrai qu'alors la colonne cessa aussi de tirer.

Une heure venait de sonner. La colonne Schatiloff occupait encore la même position qu'à neuf heures ; son commandant était donc en mesure de prendre les dispositions nécessaires à l'arrivée du jour, lorsqu'il reçut du colonel Fadeïeff avis de la prise de l'ouvrage Karadagh, etc.

A cette nouvelle, le général Schatiloff se décida à l'instant à donner l'assaut à l'ouvrage Arab et désigna à cet effet quatre bataillons.

Deux bataillons attaquèrent de front, le troisième bataillon se dirigea sur les batteries annexes, tandis que le dernier bataillon, tournant le fort, se précipita sur la gorge et les flancs. Un combat d'une violence extrême, mais très court, eut lieu sur ce point, et au bout d'un quart d'heure environ les Russes étaient maîtres de l'ouvrage. Les Turcs échappés au massacre se réfugièrent en partie dans le ravin rocailleux du fleuve, et l'autre partie dans la ville.

A deux heures environ, les Russes étaient maîtres de tous les ouvrages sur la rive droite du fleuve de Kars. La plus grande partie des colonnes commençait déjà à pénétrer dans la ville. Le général Lazareff en dirigea une partie sur Suvary, dont on n'avait reçu aucune nouvelle depuis que le général Melikoff l'avait pris d'assaut, mais dans la direction duquel on entendait de temps en temps un bruit indiquant la prolongation du feu.

Voyons maintenant ce qui se passait sur la rive gauche.

Le général Komaroff (première colonne) avait ordonné au colonel Butschkieff de s'avancer avec son régiment, de l'artillerie et du génie, contre l'ouvrage Tschim et de s'en emparer ; un peu plus tard, le lieutenant-colonel Statewitsch avait reçu l'ordre de prendre les hauteurs de Mucha (au sud-est de Tochmaz) avec deux bataillons. Le général

Komaroff resta de sa personne avec la réserve, composée d'un bataillon et de toute l'artillerie, afin de tenir Tochmaz en échec et d'être en mesure de couvrir le mouvement du colonel Butschkieff.

Vers huit heures du soir, avant que ce dernier fût arrivé au pont de Kitschik-Keuï, Sratewitsch occupait déjà ces hauteurs, dont il avait repoussé les Turcs.

Les premiers coups de canon tirés par l'ouvrage Suvary ayant signalé l'attaque du général Melikoff, Bustchkieff s'élança contre Tschim avec sa colonne.

L'avant-garde de cette dernière fut reçue par un feu violent des Turcs, qui néanmoins ne tardèrent pas à se replier sur l'ouvrage.

Dans la suite du mouvement en avant, on s'aperçut sur le flanc gauche que des détachements turcs descendaient en toute hâte les hauteurs de Schorach et prenaient la direction de Suvary, pour se porter au secours de la garnison de Suvary, que l'on croyait en danger, et prendre à dos la colonne Melikoff.

Tenant compte de ce danger et non de ses instructions, le général Komaroff se décida à se porter à la rencontre des Turcs.

Il ordonna au colonel Butschkieff d'attaquer immédiatement l'ennemi et de le rejeter sur Tochmaz. Butschkieff attaqua à la baïonnette les Turcs avec un bataillon et les repoussa ; mais les Turcs, ralliés par les soutiens frais qui venaient à leur secours, prirent position et reçurent par un feu violent les assaillants, qui les suivaient de près.

Peu après, les Russes aperçurent des renforts venant de Tschim et se dirigeant contre leur flanc droit. Reconnaissant le danger, le colonel Butschkieff se jeta avec sa colonne sur les Turcs placés devant Tochmaz et songea à pénétrer dans l'ouvrage par un acte énergique avant l'arrivée des renforts venant de Tschim. Un hourrah éclatant se fit entendre sur toute la ligne et en un instant les Russes furent dans les fossés de l'ouvrage, où ils furent reçus par une grêle de balles et de grenades lancées à la main. Le colonel Butschkieff tomba mort, atteint par un éclat de grenade. Le feu était d'une violence extraordinaire et, comme il était impossible de rester plus longtemps dans les fossés, la retraite fut ordonnée (1). Les Turcs ne poursuivirent pas les détachements russes, qui se rallièrent au bord du fleuve de Kars, où ils prirent position contre Tochmaz.

Il était alors minuit ; les troupes de cette colonne étaient épuisées à un tel point qu'il ne fallait pas songer à leur faire poursuivre leur mission primitive, c'est-à-dire d'attaquer Tschim.

Sur ces entrefaites, on entendait déjà un feu violent engagé à la gorge de Tschim.

Le général Komaroff savait que, conformément aux dispositions arrêtées, ce feu provenait d'une partie de la colonne Melikoff, qui avait été chargée d'attaquer cet ouvrage par la gorge. Il parut extrêmement urgent, pour forcer les Turcs à diviser leurs forces et leur attention, d'attaquer aussi de front l'ouvrage en question.

On affecta à cette attaque deux bataillons demeurés en

(1) Si les fossés avaient été sérieux et sérieusement défendus, d'abord les Russes n'auraient pas pu y arriver, et y étant n'auraient pas pu en sortir. Mais, quoi qu'en disent certains écrivains militaires, la plupart des fossés, lorsqu'il en existait, n'avaient que 2 mètres de profondeur, ce qui ne constitue pas un obstacle réel, et surtout ils n'étaient pas flanqués. La preuve de ce défaut de flanquement est donnée par le fait que pour défendre les fossés de Tochmaz, les Turcs furent obligés d'employer des grenades lancées à la main, moyen assez primitif et complètement abandonné dans les places bien organisées. *(Note du trad.)*

réserve et toute l'artillerie. Ces troupes s'avancèrent sous le feu des ouvrages Tochmaz, Weli Pacha et Tschim, et pénétrèrent dans le village et le cimetière en avant de Tschim; l'infanterie et l'artillerie ouvrirent alors de ces positions couvertes un feu violent contre le fort. L'ennemi concentra toute son attention sur cette colonne; le feu engagé à la gorge se ralentit de plus en plus, jusqu'à ce qu'il cessa complètement, ce qui pouvait être considéré comme la preuve que la colonne Melikoff se retirait.

Mais comme il ne fallait pas songer alors à réussir dans une attaque de front, d'autant plus que des renforts arrivaient à l'ouvrage Tschim, il ne resta à la colonne du général Komaroff pas d'autre parti à prendre que de battre en retraite.

L'artillerie se retira du feu, l'infanterie se dégagea de même successivement, et toute la colonne vint prendre position sur le pont de Kitschik-Kieuï.

La colonne du lieutenant-colonel prince Melikoff se trouvait réellement alors dans une position critique.

Après la manière brillante dont elle avait réussi à pénétrer dans Suvary, elle s'était frayé, ainsi que nous l'avons dit, un chemin à travers les masses d'infanterie et de cavalerie turques jusqu'au pont jeté sur le fleuve de Kars, pour gagner la rive gauche et se joindre, comme elle en avait reçu l'ordre, à la colonne Komaroff pour attaquer Tchim. La colonne Melikoff s'était emparée des premiers groupes de maisons du faubourg Temur Pacha, où elle se fortifiait.

Un mouvement en avant énergique contre la gorge de l'ouvrage Tschim offrait quelque chance de succès. Il n'y avait pas de temps à perdre pour l'exécuter, si l'on ne voulait pas laisser le temps à l'adversaire de prendre des dispositions pour le repousser; un coup de main rapide pouvait seul réussir, d'autant plus que de tous les côtés on remarquait l'arrivée de renforts aux Turcs.

L'assaut entrepris échoua devant la résistance courageuse qui fut faite. Le lieutenant-colonel Melikoff fut blessé grièvement, et sa colonne se replia dans le cimetière voisin.

On ne peut pas assigner de causes bien précises à l'inaction de la colonne Komaroff, et après avoir engagé le feu pendant un temps fort court, on se décida à se retirer sur la rive droite du fleuve, après avoir remarqué le nombre toujours croissant des Turcs.

Au moment de la retraite, Komaroff attaqua de front l'ouvrage Tschim, ce qui empêcha les Turcs d'inquiéter sérieusement le passage de la colonne Melikoff sur la rive opposée.

La sixième colonne (colonel Tscheremisinoff), destinée à faire une démonstration contre les ouvrages Laz Tepesy et Muchlis, entra en action aussitôt après le premier coup tiré sur le front sud.

Le colonel dirigea cinq compagnies, un détachement de volontaires et une demi-batterie de 9, sous les ordres du major Przeclawsky, sur les villages Tschakamach et Laz Tepesi. Après une lutte de peu de durée, mais très vive, ce détachement prit Tschakmach, où il s'établit et ouvrit un feu violent contre Laz Tepesi.

Tschereminoff ne se contenta pas de la démonstration qui lui était assignée, d'autant moins qu'il croyait entrevoir la possibilité de prendre Laz Tepesi. En conséquence, il se jeta avec des détachements de volontaires sur les tranchées construites en avant de l'ouvrage et s'en empara après un combat de courte durée.

Cette colonne se proposa alors d'attirer sur elle les réserves qui se trouvaient dans la ville, et de faciliter ainsi les opérations entreprises en d'autres points. En conséquence, elle se livra à une attaque énergique du corps de place des ouvrages. Cette entreprise remplit le but qu'elle avait en vue, mais coûta beaucoup de sang. Le parapet, déjà fort difficile à escalader par lui-même, était fortement gelé et l'on ne put le gravir qu'avec les plus grandes peines; de plus, le fort était solidement occupé. Les assaillants ne purent pas soutenir longtemps le combat, et ils durent bien vite se replier dans les batteries conquises, où ils soutinrent un feu énergique jusqu'au point du jour.

Vers quatre heures du matin, après la reddition de la caserne défensive du fort Kanly, tous les ouvrages de la rive droite du fleuve étaient en la possession des Russes. Des détachements de la colonne Alchasoff avaient même occupé des parties de la ville sur cette rive; la citadelle avait ouvert ses portes sans combat aux troupes russes. On s'occupait donc de s'avancer sur la rive gauche, lorsque l'on aperçut de grandes masses de troupes turques se diriger vers l'ouest, contre la ligne des forts Tich Tepesi et Laz Tepesi. On reconnut aussitôt l'intention de la garnison de chercher à percer les diverses communications conduisant aux contreforts du Soghanly, pour gagner Bozgala, Tschiftlik et Ajualy. Aussi, le général Roop, commandant en chef de toutes les colonnes opérant sur la rive gauche, donna des instructions pour se porter à la rencontre des Turcs et leur barrer le passage. De plus, toute la cavalerie qui se trouvait sur la rive droite fut dirigée vers l'ouest, pour tomber à revers sur les Turcs.

Le colonel Batiefsky fut chargé, avec deux régiments de dragons, d'arrêter la cavalerie turque, qui avait déjà percé la ligne des avant-postes sur la route de Tschiftlik et Samowat. Le général Roop ordonna aux bataillons du régiment de Rostofsky de prendre position, avec douze bouches à feu, devant le village de Bozgala. En même temps la colonne du général Komaroff s'avançait dans le flanc des Turcs. En outre un bataillon d'un régiment de la garde, faisant partie de la colonne Tschereminoff, était dirigé sur les derrières des Turcs en retraite, soutenu par le feu des batteries placées à Dschawra. Le général Tscherbatoff devait, avec sa cavalerie barrer la route d'Aravartschan.

Le colonel Batiefsky atteignit la cavalerie turque au moment où celle-ci se jetait sur l'infanterie russe avec un vrai mépris de la mort et perçait la ligne russe le sabre au poing. Attaquée à dos par Batiefsky, elle fut presque complètement anéantie; une petite partie seulement parvint à se sauver jusqu'à Erzerum. Sur ces entrefaites arrivait sur la même route un détachement d'infanterie turque, contre lequel Batiefsky se jeta alors.

Un deuxième détachement de cavalerie, qui voulait chercher à fuir par cette route, fut poursuivi par un régiment de cosaques, commandé par le colonel prince Eristoff. Dans leur fuite, les Turcs firent front deux fois à l'attaque des Russes, et ce n'est qu'après avoir perdu plus de 200 hommes qu'ils se sauvèrent en désordre dans toutes les directions.

La colonne principale de l'infanterie turque, qui avait pris la route de Bozgala, fut forcée de déposer les armes. Une deuxième colonne poursuivit son mouvement sur Tschiftlik et Aravartschan. Mais elle ne tarda pas à être attaquée sur ses deux flancs par les cosaques et elle dut aussi mettre bas les armes.

Les Russes furent prévenus alors que des personnages de grades élevés, accompagnés d'une forte escorte (environ 150 hommes) cherchaient à se sauver dans la direction de Bozgusch. Le général-major prince Tscherbatoff se jeta personnellement sur le village de Bozgusch avec quelques escadrons de cavalerie.

Malgré un feu violent des Turcs, les cosaques réussirent à

pénétrer dans le village. 40 à 50 des fuyards parvinrent à se sauver, tous les autres furent sabrés.

Les ouvrages de la place étant aux mains des Russes, une députation de la ville vint trouver le général Lazareff pour lui rendre la ville.

Les trophées de ce succès consistèrent pour les troupes russes en 303 bouches à feu, 17.000 prisonniers, dont 5 pachas et 800 officiers.

Les pertes s'élevaient du côté des Russes à 1 général, 17 officiers supérieurs et 470 hommes tués, 1 général, 58 officiers supérieurs et 1.726 hommes blessés.

Du côté des Turcs il y eut 2.500 tués et plus de 4.500 blessés.

C'est ainsi que se termine brusquement le récit que nous avons traduit et qui ne suffit pas pour expliquer la chute de la place dans les conditions indiquées. On a pu remarquer entre autres que seuls les ouvrages de la rive droite étaient en la possession des Russes et que tous ceux de la rive gauche tenaient encore. Or ces derniers étaient assez importants pour résister un certain temps, et même pour inquiéter la ville et les forts occupés par l'ennemi. Aussi, il y a lieu tout au moins de se demander pour quelle raison les Turcs évacuèrent les ouvrages de la rive gauche précipitamment et sans combat.

Pour tout dire, les Russes en tentant cette entreprise téméraire ne comptaient-ils pas sur quelque connivence de la place? Le mot de trahison a été prononcé à diverses reprises à ce sujet. Il n'y eut peut-être pas trahison dans le vrai sens du mot, mais il est certain qu'il y eut des pourparlers, des espèces de compromis qui ne furent pas étrangers au résultat final, s'il faut en croire le récit publié dans le *Temps* du 18 août 1879, par un témoin oculaire, le major

Osman-Bey, Turc de naissance, mais naturalisé sujet russe et qui était attaché à l'état-major du général Loris-Melikoff pendant cette opération.

Nous allons analyser cet écrit, qui n'a pas été contredit par les intéressés, mais simplement à titre de document, et parce qu'il contient des renseignements originaux, bien que parfois un peu singuliers.

On sait que l'investissement de Kars n'a jamais été complet, tant à cause de l'étendue du périmètre de la place qu'à raison de l'effectif insuffisant des Russes, qui n'étaient qu'au nombre de 35.000 en ce point.

Lorsqu'en 1855 Mouravief mit le siège devant Kars, il s'établit au nord-ouest de la place et chercha à réduire Kars en prenant de vive force le fort Tachmaz, le point culminant de tout le système de défense. Mais cette tentative audacieuse échoua et 10.000 cadavres jonchèrent les pentes qui entourent le fort.

Aussi, pour éviter la répétition de cette expérience, en 1877 le grand-duc Michel prit position au sud-ouest et se proposa d'attaquer les trois forts d'en bas : Hafiz, Kanly et Suvary, qui protègent la ville du côté de la plaine, puis d'occuper celle-ci avec les approches du Kars-Tschaï, et par suite d'obliger les forts d'en haut à se rendre faute d'eau.

La conception de ce plan était due au général Loris-Melikoff, qui en 1855 avait été commandant de la place pendant quelques mois et en connaissait nécessairement le fort et le faible. Au point de vue technique, on pouvait objecter, il est vrai que si les Turcs tenaient bon dans les forts supérieurs, il deviendrait impossible de leur couper l'eau; au contraire, ils pourraient à leur tour détruire la ville et obliger les Russes à l'évacuer avec les quelques forts de la partie basse dont ceux-ci se seraient emparés.

Bien que plus d'une fois, dans le cours des opérations de la guerre de 1877-78, les Russes eussent eu à se repentir de leur trop grande témérité, en cette occasion le général compta avec raison sur la démoralisation des Turcs, qui ne manqueraient pas de lâcher pied en voyant la ville et plusieurs forts tombés au pouvoir de l'adversaire. On sait qu'à la guerre il n'y a rien d'absolu : les éventualitées et les circonstances de l'ordre moral y jouent souvent un rôle prépondérant.

Quant à l'état de la place, nous en avons donné le détail. Il paraît toutefois que si l'artillerie était suffisante, l'approvisionnement de ses munitions ne l'était pas, car à la chute de la place on ne retrouva plus que dix coups par pièce, bien que l'artillerie n'ait pas tiré longtemps. Il convient d'ajouter que l'infanterie avait plus de cartouches qu'il ne lui en fallait. En outre, les magasins de Kars étaient bondés de biscuit, de blé, de viande salée, à un point tel que l'armée russe y trouva de quoi se ravitailler tout l'hiver. L'exemple de 1855 avait fait croire aux Turcs que Kars ne pouvait être pris que par la famine, et ils avaient en conséquence accumulé dans la place des approvisionnements considérables.

Mais si le soldat turc était bien nourri, en revanche il n'avait reçu aucune solde depuis plusieurs mois, et l'état de gêne qui résultait de cette pénurie d'argent ne pouvait que démoraliser le soldat, qui ne se trouvait ainsi en mesure ni de satisfaire un caprice ni de pourvoir à ses besoins. Au contraire, les officiers supérieurs et les pachas étaient gorgés d'or, au point qu'on trouva plus de 100.000 francs en pièces d'or dans la valise de quelques-uns d'entre eux. Aussi, l'avidité et l'égoïsme des pachas qui se trouvaient à Kars et qui, dans de telles conditions, ne devaient songer qu'à conserver leur fortune, doivent-ils figurer parmi les causes qui ont fait que le soldat turc a trahi jusqu'à un certain point sa vieille réputation de défenseur intrépide et obstiné derrière des retranchements.

D'après notre écrivain, Kars ne renfermait que 16.000 combattants aptés à la défense, chiffre réellement insuffisant en pareil cas.

Le commandant de la place, Hussein-Hamy-Pacha, n'avait jamais entendu tirer un coup de fusil et n'avait, partant, aucune expérience de la guerre. Il devait sa haute situation à la position d'aide de camp qu'il avait occupée auprès du fameux Hussein-Havny, ce grand visir conspirateur qui fit garrotter Abdul-Azis.

Hussein-Hamy avait une grande réputation d'énergie. Mais, il se borna à terroriser la population, et le moindre soupçon, la moindre dénonciation de relation avec l'ennemi entraînait immédiatement la mort. Plus de cinquante personnes furent exécutées de la sorte. Les quelques dispositions défensives intelligentes que nous indiquerons plus loin furent prises par le commandant en second, le colonel d'artillerie Hussein-Bey, qui avait fait son instruction militaire en Angleterre en même temps que Osman-Bey, dont il était resté l'ami.

Le 10 octobre, les Russes avaient terminé les préparatifs nécessaires pour ouvrir le feu contre la place. Mais avant de passer à l'exécution du plan indiqué plus haut, le commandant russe adressa, comme d'habitude, au commandant turc une sommation d'avoir à se rendre à discrétion. Ce document, mal écrit en langue turque, ne fut pas suffisamment intelligible pour les défenseurs, qui, pour toute réponse, signifièrent qu'ils enverraient des parlementaires au quartier général du grand-duc, afin d'avoir des explications à ce sujet. En effet, le 12 octobre, deux officiers turcs se présentaient aux avants-postes et étaient amenés, avec les précautions d'usage, auprès du grand-duc. L'un des deux parlementaires était Hussein-Bey, dont nous avons parlé plus haut, et l'autre, le capitaine d'état-major Tahim-Bey, qui n'a joué aucun rôle saillant.

Le grand-duc Michel leur fit expliquer que, dans la situation où se trouvait Kars et pour éviter une effusion de sang inutile, le meilleur parti était de rendre la place, qui ne pouvait faire une longue résistance ni espérer être secourue.

Après une conversation de peu de durée, les deux officiers furent introduits auprès du général Loris-Melikoff, qui, connaissant le turc, pouvait entrer dans plus de détails. Dans le courant de l'entretien, le général ayant demandé aux officiers turcs s'ils connaissaient Osman-Bey, sur la réponse affirmative d'Hussein, on fit appeler ce dernier, qui renoua connaissance avec son ami.

A la fin de l'entretien, le général Loris ordonna à Osman-Bey de reconduire les parlementaires jusqu'aux lignes turques, en lui recommandant en particulier d'user de son influence personnelle auprès d'Hussein-Bey pour éviter la reprise des hostilités.

Chemin faisant et au milieu de l'obscurité la plus complète, Osman essaya de faire comprendre à son ami les raisons politiques et militaires qui motivaient et justifiaient la reddition de la place, en ajoutant au moment de le quitter : « Je comprends que vous vous battiez ; faites donc votre devoir en homme de cœur. Mais ne poussez pas les choses à l'extrême... *et surtout prenez garde de ne pas commettre des atrocités, car vous les payeriez après.* »

Notre écrivain insiste sur la portée de la menace verbale renfermée dans le passage souligné ; car, d'après la suite de son récit, il attribue à cette même menace *écrite* la cause de la fuite d'Hussein-Hamy.

Quelles furent les conséquences de cette entrevue avec Hussein-Bey ? Celui-ci, qui constituait l'âme de la défense, avait, jusqu'au moment de l'entrevue, joué le rôle d'outrancier fanatique, comme son chef. Mais après sa mission, il changea brusquement d'allures et se renferma exclusivement dans ses attributions de commandant de l'artillerie.

Cependant de cette attitude, d'ailleurs correcte, de ce dernier, il résulta une espèce de paralysie dans les forces de la défense, dont les deux membres actifs et influents ne se sentaient plus en complète communion d'idées. De plus, comme nous l'avons dit déjà, Hussein-Bey étant à hauteur de sa tâche, tandis que Hussein-Hamy n'y entendait rien, le premier pouvait exercer la plus grande influence.

Les forts inférieurs de la ville contre lesquels les batteries russes dirigèrent leur feu étaient : Suvary, Kanly, Hafiz Pacha et Arab Tabia. Les autres forts étaient hors de portée, à cause de leur distance et de leur altitude.

Le maximum d'intensité du feu fut atteint le 23 octobre. A cette date, 16 batteries avaient été complétées et 64 canons bombardaient la place. Le feu durait tout le jour; pendant la nuit, les assiégés essayaient de réparer les dommages subis, mais des patrouilles russes les tenaient constamment en alerte.

Le 23 octobre, vers neuf heures du soir, trois bataillons turcs firent une sortie du fort Hafiz; mais ils ne tardèrent pas à être repoussés par cinq bataillons russes, qui entrèrent avec eux dans le fort, où ils ne purent se maintenir longtemps, faute de dispositions convenables prises à l'avance, mais d'où ils se retirèrent en emmenant 160 prisonniers. La plupart de ceux-ci appartenant à la cavalerie, on en conclut que l'effectif de la garnison était insuffisant et que la qualité des défenseurs était fort médiocre, puisqu'on confiait à des cavaliers démontés la garde d'un ouvrage aussi exposé que celui d'Hafiz.

La manière dont on avait pu s'emparer du fort d'Hafiz, sans être en mesure de le conserver, il est vrai, fit naître la résolution de tenter une attaque combinée, bien préparée et à la faveur de l'obscurité, attaque qui pouvait tout au moins permettre aux Russes de se rendre maîtres de plusieurs forts, sinon de tous les ouvrages d'un coup. Ce plan audacieux était plein de risques, mais la situation générale des belligérants, aussi bien en Asie que sur le Danube, exigeait que l'on en finît avec Kars. De plus l'état sanitaire des troupes était très critique; 20.000 hommes de l'armée du Caucase, dont 70 médecins, avaient été enlevés en peu de temps par le typhus. Le manque de latrines établies convenablement contribua puissamment, devant Kars, au développement du typhus chez les Russes, même en plein hiver, ce qui prouve que dans les armées il ne faut jamais négliger aucun détail et veiller spécialement aux soins de propreté.

En conséquence du plan arrêté, on resserra le cercle d'investissement de manière à fermer toutes les issues aux assiégés. Pour faciliter la réussite d'une entreprise si périlleuse, il fallait cacher deux choses à l'ennemi : le vrai point d'attaque et le moment choisi pour livrer l'assaut.

Pour donner le change aux Turcs, on fit dès le 1er novembre des démonstrations du côté de Samovat, à l'ouest de Kars, où l'état-major russe fit très ostensiblement des préparatifs pour l'installation du quartier général. Hussein-Hamy, prévenu aussitôt, donna d'autant mieux dans le piège que c'était le point qui avait servi de quartier général à Mouravief, lors de son attaque sur Tachmaz.

Le brave général, Lazaref qui vient de mourir si courageusement et si malheureusement dans le Turkestan, se chargea de mystifier le commandant de Kars sur le jour fixé pour l'attaque. Ce général était en relation avec un espion turc qui jouait double jeu. Il lui fit croire en confidence que l'attaque était décidée pour le 8, anniversaire de la naissance du grand-duc, et lui promit de faire sa fortune s'il pouvait lui faciliter l'entrée dans la place. L'espion ne manqua pas

d'aller tout raconter au pacha, qui ajouta d'autant mieux foi
ce récit qu'en général les Russes ont l'habitude de célé-
brer un anniversaire par une action d'éclat.

Notre auteur entre ensuite dans une longue digression au
sujet d'une lettre qu'il eut l'idée d'écrire à son ami Hussein-
Bey, pour le prévenir que si ce dernier et le commandant de
la place tombaient aux mains des Russes, ils seraient passés
par les armes. Cette lettre était écrite dans la conviction
qu'elle ne manquerait pas de tomber en la possession d'Hussein-Hamy, qui, comme toutes les natures sanguinaires, devait forcément être lâche et se laisser intimider par une telle
menace.

Nous voulons bien croire que cette lettre a été écrite,
mais il nous paraît difficile qu'elle ait pu avoir quelque influence sur les décisions du commandant de Kars, qui, si peu
militaire qu'il fût, n'en devait pas être à ignorer les lois
de la guerre, et entre autre qu'entre nations belligérantes
pouvant se dire civilisées, on n'a pas recours à des exécu-
tions sommaires envers des gens n'ayant commis d'autre
crime que de remplir leur devoir. Quoi qu'il en soit, la défense cessa si brusquement et dans des conditions si singu-
lières, qu'on est bien forcé de chercher les raisons plus ou
moins connues de cette anomalie, et qu'il convient de signaler tous les faits qui peuvent jeter quelque lumière sur la
question.

Comme on sait, l'attaque fut fixée au soir du 5 novembre
et commandée par le général Lazaref; le général Loris-
Melikoff dirigeait l'ensemble des opérations.

La consigne était : silence complet, pas un coup de fusil,
attaque à la baïonnette.

Nous avons décrit les phases de ce combat nocturne, terrible et grandiose.

Hussein-Hamy avait son quartier général dans un magasin

de vivres situé en arrière du fort de Kanly ; de là, il correspondait télégraphiquement avec tous les forts. A dix heures, il fut informé que l'attaque était réelle ; à onze heures et demie, l'écho des hourras lui annonçait que Kanly, Hafiz et Suvary étaient au pouvoir de l'assaillant.

Le commandant de Kars résolut alors de s'enfuir et ne fit connaître sa résolution qu'à un jeune officier nommé Ibrahim-Bey, fils de Namik-Pacha, un des membres les plus influents du divan, comptant sur ce personnage pour le sauver des conséquences de la chute de la place, en retour du salut de son fils. Ainsi accompagné du fils de Namik et d'une petite escorte, Hussein-Pacha s'échappa et gagna les montagnes. Sa fuite eut lieu à deux heures du matin ; elle ne fut connue de la garnison que deux heures après. Il y eut alors une débandade générale : 14.000 hommes avec armes et bagages défilèrent sans bruit et purent s'échapper sans être aperçus.

Vers les trois heures, le feu avait cessé sur toute la ligne et le silence le plus complet avait fait place au bruit du combat. Seul, Hussein-Bey lançait encore quelques obus de la citadelle, que le général Lazaref serrait de près, après avoir pénétré dans la ville.

Mais les Russes n'avaient pas encore partie gagnée et la perspective qui s'ouvrait à eux n'était nullement rassurante. Le fort Tschim, entre autres, ne leur appartenait pas, et d'autres forts encore, plus redoutables que ceux qui avaient été pris, pouvaient dès l'aube ouvrir le feu et repousser les assaillants. Bref les Russes étaient dans une impasse, car il leur était tout aussi difficile de maintenir le terrain conquis que de songer à renouveler l'attaque pour s'emparer du reste.

C'est dans ces conditions que les Russes apprirent qu'ils étaient vainqueurs et maîtres de la place sans s'en douter ; aussi l'on peut juger de leur satisfaction en connaissant ce résultat et en voyant la fuite des colonnes turques.

Tel est, en substance, le récit d'Osman-Bey, qui, en somme, n'est pas trop invraisemblable et, dans tous les cas, n'est pas en contradiction avec l'ensemble des faits.

En résumé, les causes de la prise de Kars sont multiples et complexes :

1° La ville elle-même, centre de la position fortifiée et contenant les dépôts et magasins, aurait dû être mise à l'abri d'un coup de main ou d'une attaque de vive force par une bonne enceinte; or, la ville était complètement ouverte et fort mal protégée, du côté de la plaine, par les forts en avant, dont il suffisait pour ainsi dire de prendre un seul pour n'être plus arrêté jusqu'au cœur de la ville.

2° Les forts étaient trop rapprochés de la place pour mettre celle-ci à l'abri d'un bombardement. Les trois forts de Kanlys, Suvary et Hafiz Pacha, entre autres, construits pour protéger le point le plus faible de la place, étaient au plus à 1 kilomètre des dernières maisons de la ville. Ils étaient élevés sur de légères ondulations de terrain qui couvrent la plaine, mais ne se soutenaient nullement les uns les autres.

3° Les forts n'étaient pas construits de manière à pouvoir se suffire à eux-mêmes au besoin. Nous avons vu que bon nombre d'entre eux n'avaient des fossés que par endroits, et que le flanquement des diverses parties faisait souvent défaut. De plus, les réduits intérieurs, ou casernes défensives, étaient généralement trop élevés et auraient pu être battus et détruits par le feu des Russes. Enfin, les neuf forts de la rive gauche du Kars Tschaï avaient une position naturelle très forte, mais, à part la citadelle, ils ne possédaient ni casernes ni magasins suffisamment grands, et surtout ils manquaient totalement d'eau.

4° Les divers ouvrages n'étaient reliés entre eux qu'insuffisamment ou pas du tout. Hussein-Bey essaya de réunir les forts de la plaine, Kanly, Suvary et Hafiz-Pacha, par des lignes à crémaillère, et de les renforcer par des lunettes, en même temps qu'il chercha par des contre-approches à entraver les mouvements tournants par les flancs; mais le temps lui manqua et le sol pierreux lui opposa de grandes difficultés. Trois rangées de tranchées masquées par des branchages devaient protéger la position, mais le roc empêcha de creuser les fossés à plus de 0m,50 de profondeur, et l'obstacle ainsi constitué fut tellement insuffisant que les canons russes et les voitures du train purent les traverser sans inconvénient.

5° Les mesures de précaution et de surveillance furent mal prises au point de vue d'une bonne défense extérieure; il y eut aussi défaut de vigilance, car il n'est pas admissible que des colonnes d'assaut aussi fortes que l'étaient celles des Russes puissent arriver jusqu'aux ouvrages, par un beau clair de lune, sans avoir été aperçues.

6° Le commandant de la place n'était pas à hauteur de sa mission. En 1855, la même place, en plus mauvais état, commandée par un Anglais, il est vrai, repoussa le général Mouravief avec de grandes pertes. On ne saurait trop insister sur l'importance considérable qu'exerce le commandant d'une forteresse sur le sort de la place.

7° Il est bon d'empêcher toute espèce de communication de l'assiégeant; l'exemple de Metz est là en outre pour le prouver.

8° Les soldats turcs étaient fort démoralisés et composés d'éléments peu aguerris, provenant d'une armée qui venait d'être complètement battue; ils étaient fort mal vêtus et à moitié gelés.

9° Les Russes connaissaient parfaitement le fort et le faible de la place, et ils surent profiter des faiblesses et des instincts du caractère turc.

10° Il convient d'ajouter que toutes les mesures furent

très-bien prises pour la réussite de l'attaque, que les soldats russes déployèrent en cette occasion un héroïsme admirable, et qu'on ne saurait trop rendre justice à la bravoure et à l'abnégation des officiers et des soldats.

En tenant compte de ces divers facteurs, on voit qu'il est fort difficile de conclure à la suppression des fortifications permanentes parce que Kars a été enlevée à la baïonnette comme un simple poste de campagne. Rappelons d'ailleurs que dans la première période de la campagne, cette place avait rendu des services que n'aurait pu rendre une fortification moins solide.

On sait qu'alors l'armée d'opération turque, trop faible pour maintenir un adversaire supérieur en nombre, rétrograda jusqu'au défilé du Sogbanli Dagh. Mais une partie seulement de l'armée russe put la suivre, le gros étant immobilisé devant la forteresse de Kars. Les renforts que l'armée turque fit venir en toute hâte rétablirent l'équilibre entre les deux armées d'opérations ; quelques escarmouches qui arrêtèrent la marche en avant des Russes, donnèrent l'avantage aux Turcs ; le siège de Kars dut être levé sans qu'il eût été livré une bataille rangée. Les deux armées regagnèrent alors les positions qu'elles occupaient au début de la campagne, dont la deuxième période commença alors.

Nous avons indiqué les causes qui ont donné une autre issue à cette période, alors qu'il aurait été au moins aussi facile d'arriver au même résultat que dans la première. Si Kars ne s'était pas rendu, qui peut prévoir les conséquences de l'échec des Russes ? et alors on n'eût pas manqué d'exalter l'utilité des places fortes avec plus de raison qu'on cherche à la contester maintenant.

2080 Paris. Imp. Laloux fils et Guillot, rue des Canettes.

www.ingramcontent.com/pod-product-compliance
Lightning Source LLC
Chambersburg PA
CBHW071010280326
41934CB00009B/2243